Arte y cultura

King's Cross

Partición de figuras

Dona Herweck Rice

Asesora

Colene Van Brunt
Educadora de matemáticas
Escuelas Públicas del Condado de Hillsborough

Créditos de publicación

Rachelle Cracchiolo, M.S.Ed., *Editora comercial*
Conni Medina, M.A.Ed., *Redactora jefa*
Dona Herweck Rice, *Realizadora de la serie*
Emily R. Smith, M.A.Ed., *Realizadora de la serie*
Diana Kenney, M.A.Ed., NBCT, *Directora de contenido*
June Kikuchi, *Directora de contenido*
Caroline Gasca, M.S.Ed., *Editora superior*
Susan Daddis, M.A.Ed., *Editora*
Karen Malaska, M.Ed., *Editora*
Sam Morales, M.A., *Editor asociado*
Kevin Panter, *Diseñador gráfico superior*
Jill Malcolm, *Diseñadora gráfica básica*

Créditos de imágenes: cubierta, pág.1, pág.16 Anton Ivanov/Shutterstock; cubierta posterior Chris Dorney/Shutterstock; págs.2–3 Daniel Tomlinson; pág.5 (superior) Gordon Bell/Shutterstock; pág.5 (inferior) PhotoLondonUK; pág.7 Guildhall Library & Art Gallery/Heritage Images/Getty Images; pág.8 Hulton Archive/Getty Images; pág.10 Team Jackson; pág.11 W.C. Johnston; pág.13 (fondo) George Clerk; págs.14–15 SolarZebra/Shutterstock; pág.17 Sergey Didenko/Shutterstock; pág.18 pio3/Shutterstock; pág.19 (superior) Willy Barton/Shutterstock; pág.19 (inferior) James Davidson; pág.21 Yolanta/Shutterstock; pág.23 Lucian Milasan/Shutterstock; todas las demás imágenes provienen de iStock y/o Shutterstock.

Library of Congress Cataloging-in-Publication Data

Names: Rice, Dona, author.
Title: King's Cross : particion de figuras / Dona Herweck Rice.
Other titles: King's Cross. Spanish
Description: Huntington Beach, CA : Teacher Created Materials, 2019. | Series: Arte y cultura | Includes index. | Audience: K to Grade 3. | Identifiers: LCCN 2018055933 (print) | LCCN 2019000599 (ebook) | ISBN 9781425823184 (eBook) | ISBN 9781425828561 | ISBN 9781425828561¬(pbk.)
Subjects: LCSH: King's Cross Station (London, England)--Juvenile literature.
Classification: LCC TF302.L6 (ebook) | LCC TF302.L6 R5318 2018 (print) | DDC 385.3/140942142--dc23
LC record available at https://lccn.loc.gov/2018055933

Teacher Created Materials
5301 Oceanus Drive
Huntington Beach, CA 92649-1030
www.tcmpub.com

ISBN 978-1-4258-2856-1

Printed in Malaysia
Thumbprints.23398

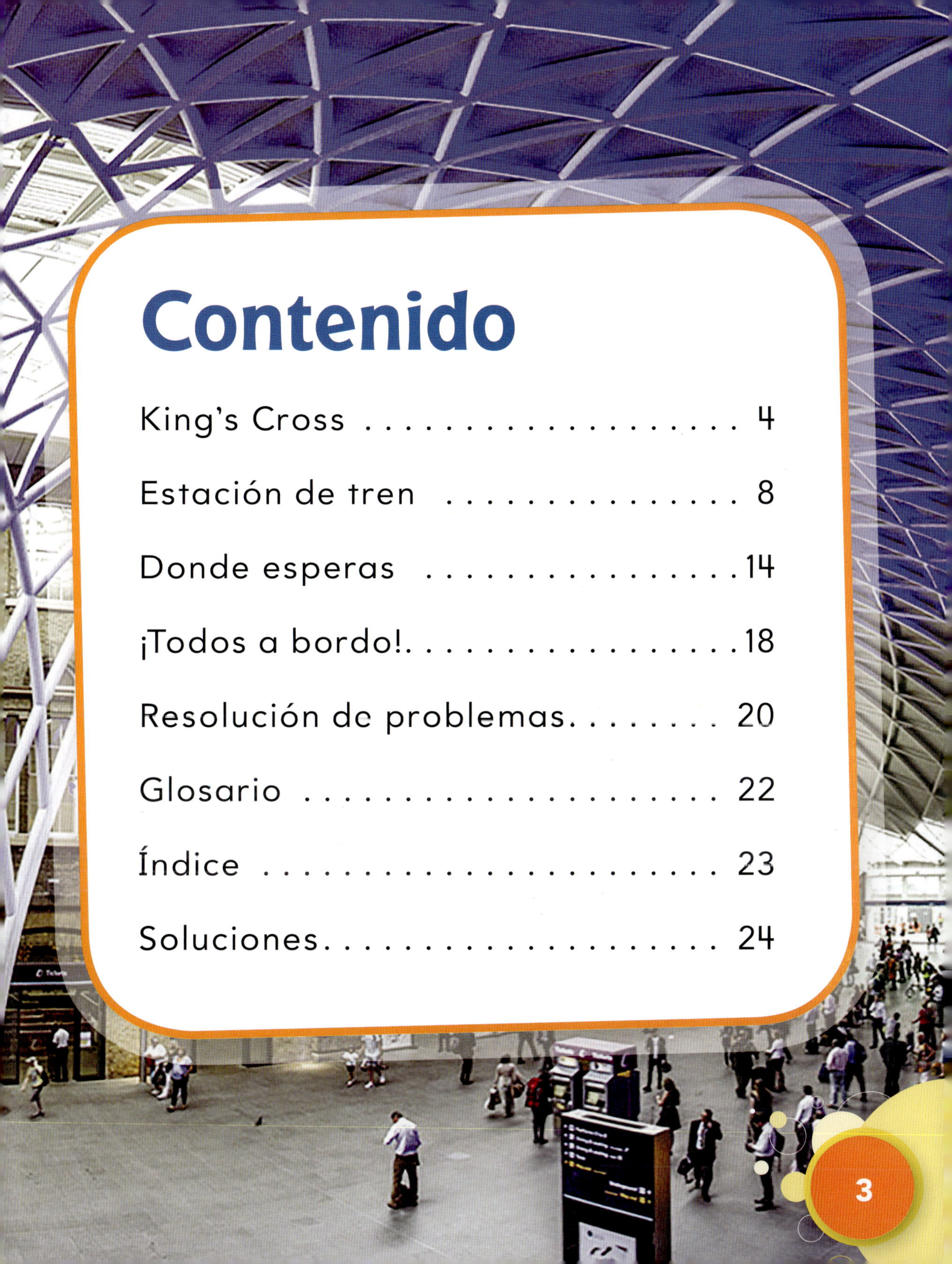

Contenido

King's Cross

¡El mundo gira en King's Cross! Es uno de los lugares más **ajetreados** de Londres. Hay parques, tiendas y lugares para comer. Y está la famosa **estación** de tren conocida en todo el mundo.

KING'S CROSS ST. PANCRAS UNDERGROUND STATION

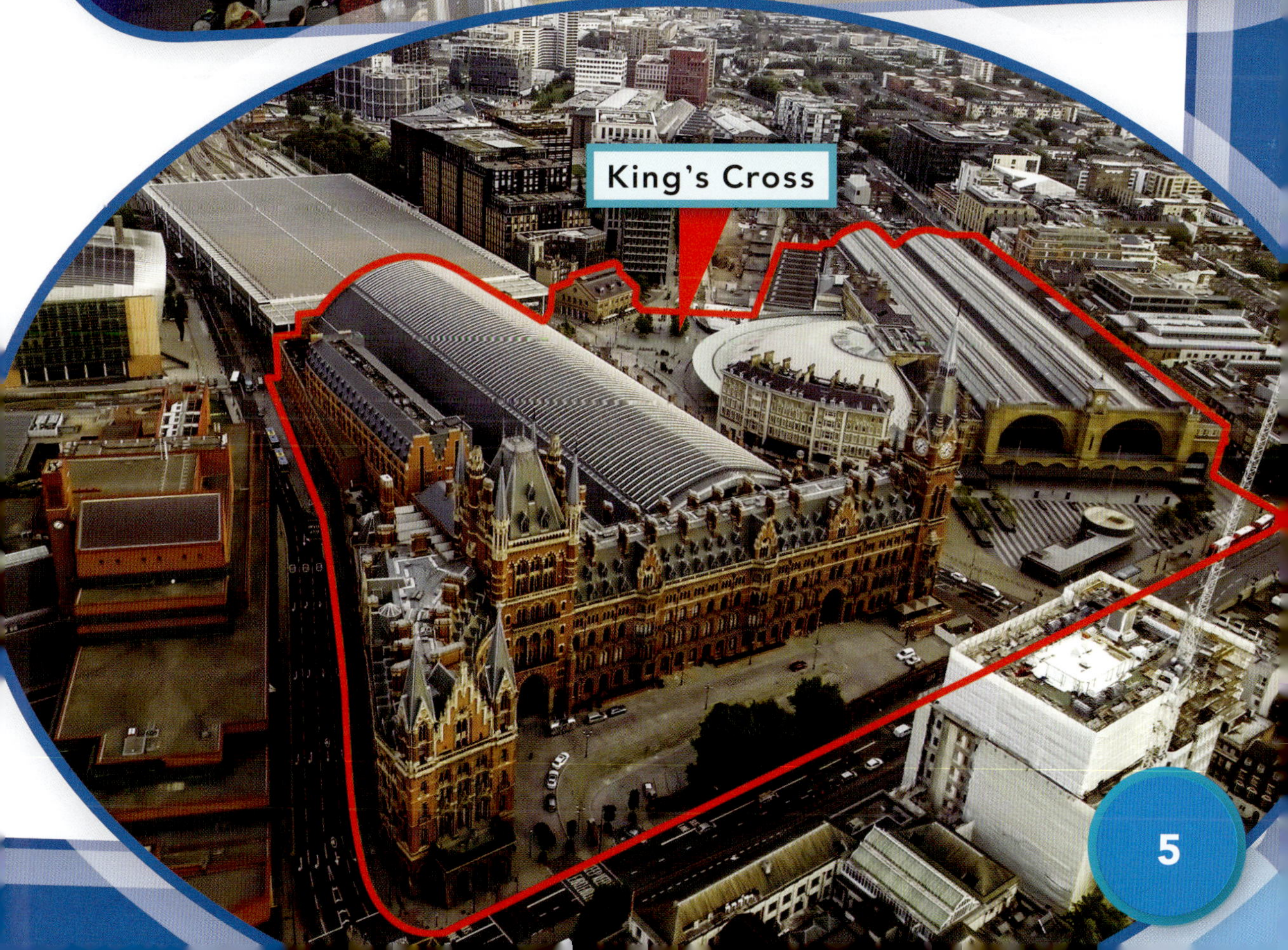
King's Cross

La estación lleva el nombre de una estatua llamada King's Cross. Fue construida en **honor** al rey Jorge.

El rey Jorge vivió hace mucho tiempo.

Esta estatua honró al rey Jorge.

Estación de tren

La estación de tren en King's Cross se construyó hace muchos años. Partían y llegaban trenes de todos lados. Ese **nodo** todavía existe. Es la estación de King's Cross.

La estación de King's Cross es un lugar ajetreado.

¡HAGAMOS MATEMÁTICAS!

Seth diseña un boleto de tren. Quiere hacer dos partes iguales.

1. ¿Qué diseño muestra dos partes iguales?

A. 

C.

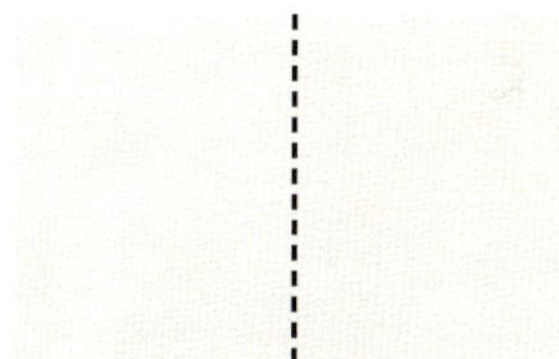

B. 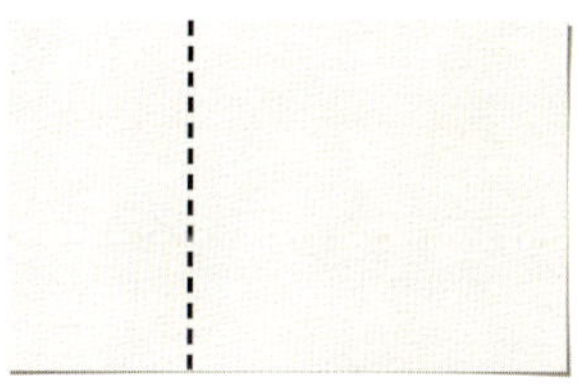

D.

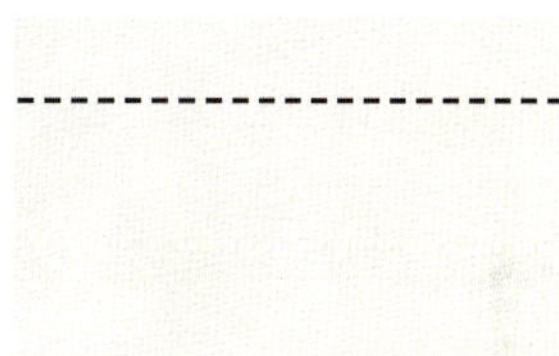

2. ¿Qué palabra matemática describe las partes?

A. mitades

B. dos

C. cuartos

Miles de personas viajan en los trenes. Llegan a la estación y parten de esta todos los días.

Las personas toman el tren por diferentes razones. Algunos lo toman para llegar al trabajo.

Las personas también toman el tren para viajar. Les gusta visitar a sus amigos y a su familia.

¡HAGAMOS MATEMÁTICAS!

Cuatro amigos se sientan en un banco para esperar un tren. El asiento del banco es un rectángulo como este.

Dibuja rectángulos. Muestra dos maneras diferentes en que los cuatro amigos pueden compartir el asiento de manera equitativa.

Donde esperas

Hay 12 **plataformas** en la estación de King's Cross. Cada una es donde las personas suben al tren o bajan del tren.

¡HAGAMOS MATEMÁTICAS!

Imagina que el suelo de la plataforma es un rectángulo como este.

Dos clases comparten de manera equitativa el suelo por la mañana. Cuatro clases comparten de manera equitativa el mismo suelo por la tarde.

¿Cuándo tienen las clases una parte más grande del suelo, por la mañana o por la tarde? ¿Cómo lo sabes?

Hay una plataforma famosa que a las personas les gusta visitar. Pero no es real. Es de los libros de Harry Potter. Las personas simulan que el carro en la pared es el carro de Harry.

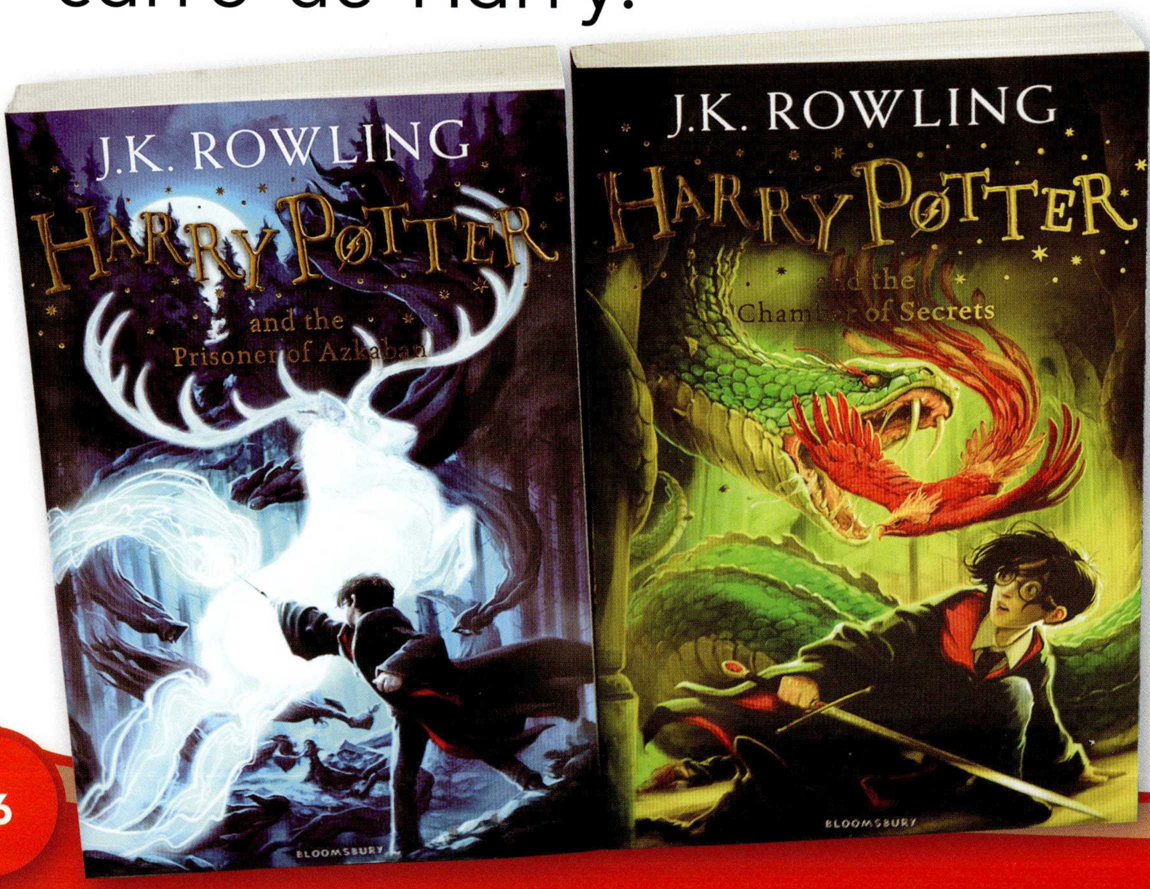

PLATFORM 9 3/4

¡Todos a bordo!

Es posible que algún día quieras visitar la estación de King's Cross. Verás trenes y otras cosas. Puedes imaginar que vas a la escuela con Harry Potter. ¡Será un viaje para recordar!

EXPECT
DELAYS

Resolución de problemas

Hay restaurantes en King's Cross. Unos amigos comparten sándwiches mientras esperan un tren. Dibuja rectángulos para resolver los problemas.

1. Muestra cómo Julia y Brady pueden dividir un sándwich en dos partes iguales.

2. Líam, Jamal, Rose y Heidi comparten un sándwich. Muestra cómo pueden dividir un sándwich en cuatro partes iguales.

3. ¿Quién obtiene una parte más pequeña de un sándwich, Julia o Líam? ¿Cómo lo sabes?

Glosario

ajetreados: con mucha actividad

estación: un lugar donde los trenes o autobuses tienen paradas regulares

honor: respeto

miles: cualquier número que es mayor que 1,999

nodo: un lugar muy concurrido donde se reúnen muchos trenes, aviones u otros vehículos

plataformas: superficies elevadas donde las personas esperan los trenes

Índice

Soluciones

¡Hagamos matemáticas!

página 9:

1. C
2. A

página 13:

Las respuestas variarán. Ejemplos:

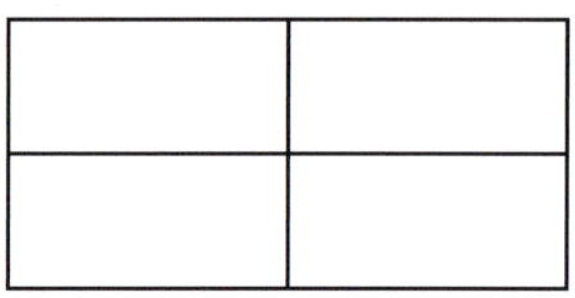

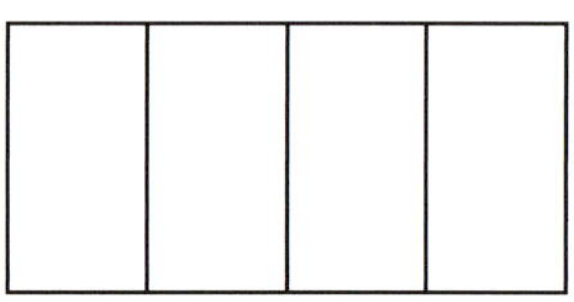

página 15:

por la mañana; las mitades son más grandes que los cuartos del mismo suelo

Resolución de problemas

1. Las respuestas variarán. Ejemplo:

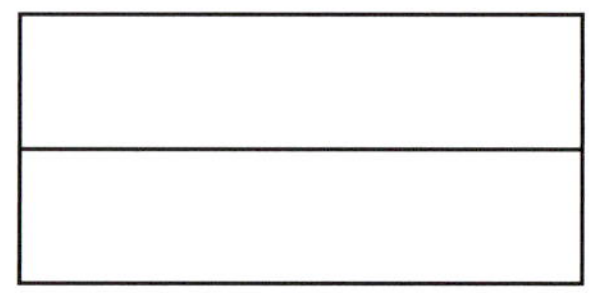

2. Las respuestas variarán. Ejemplo:

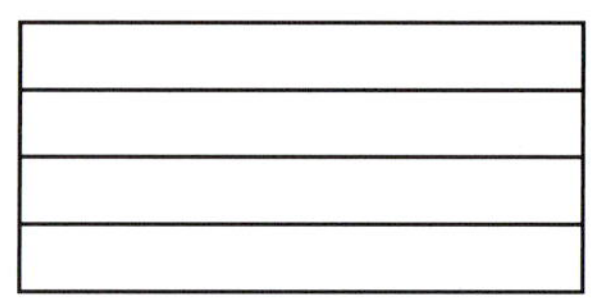

3. Líam; los cuartos son más pequeños que las mitades del mismo sándwich